BAC DE FRANÇAIS
2023

JEAN GIRAUDOUX

Électre

Fiche de lecture

© Comprendre la littérature.

22 rue Gabrielle Josserand - 93500 Pantin.

ISBN 978-2-75930-347-2

Dépôt légal : Septembre 2023

Impression Books on Demand GmbH

In de Tarpen 42

22848 Norderstedt, Allemagne

SOMMAIRE

- Biographie de Jean Giraudoux..................................... 9

- Présentation de *Électre*... 15

- Résumé de la pièce.. 21

- Les raisons du succès.. 35

- Les thèmes principaux... 41

- Étude du mouvement littéraire.................................... 47

- Dans la même collection... 51

BIOGRAPHIE DE JEAN GIRAUDOUX

Issu d'une classe moyenne provinciale, Jean Giraudoux voit le jour à Bellac, dans la Haute-Vienne, le 29 octobre 1882. Sa mère est fille de vétérinaire. Son père, fils d'un paysan, intègre l'administration des Finances où il devient percepteur. La famille Giraudoux est donc amenée à souvent déménager et le petit Jean suit sa scolarité à l'école communale de Pellevoisin, dans l'Indre. Une bourse lui permet d'intégrer comme interne le lycée de Châteauroux où il étudie les lettres classiques. En 1900, il entre en khâgne au lycée Lakanal à Paris où il poursuit des études supérieures. Au cours de son séjour à l'École normale supérieure, il explore la culture germanique, dont il a pris goût aux côtés de Charles Andler. Il passe d'ailleurs quelques mois en Allemagne, où il est précepteur dans une famille princière. Mais l'élève modèle fréquente alors assidument l'école buissonnière. Il rate alors l'agrégation d'allemand avant d'être lecteur à l'université d'Harvard à Boston et de revenir en France. Là il devient le secrétaire particulier de Bunau-Varilla, alors directeur du journal *Le Matin*. C'est à cette époque qu'il publie ses premiers textes littéraires : d'abord quelques critiques pour la rubrique littérature du *Matin*, puis des contes pour le même quotidien, avant de faire paraître chez Grasset un recueil de nouvelles, *Les Provinciales* (1909).

Il n'en arrête pas pour autant son ascension professionnelle. Après avoir brillamment réussi le concours des chancelleries, il commence sa carrière diplomatique en 1910. L'entrée en guerre de la France met ponctuellement à mal sa vie professionnelle. Il est mobilisé en 1914, combat sur les fronts alsaciens et champenois, avant d'être blessé sur la Marne, puis d'être affecté sur le front des Dardanelles et d'être une nouvelle fois touché en 1915. Il est ensuite engagé comme chargé de mission au Portugal, puis aux Etats-Unis, poste qu'il occupera jusqu'en 1918. Après l'armistice, il se marie, avant d'être nommé à Paris, où il devient en 1921 chef des œuvres françaises à l'étranger et, en 1924, chef des services de presse.

Bien qu'ayant fait paraître quelques textes dès 1918 (*Simon le pathétique* en 1918 et *Elpénor* en 1919), ce n'est qu'au tournant des années 20 qu'il se consacre plus volontiers à l'écriture. Annoncée par la publication de ses souvenirs de guerre (*L'École des indifférents*, 1911 ; *Lectures pour une ombre*, 1917 ; *Adorable Clio*, 1920) qu'il fait paraître, celle-ci est d'abord résolument romanesque. Toutefois, il ne s'inscrit pas dans les codes conventionnels du genre, n'accordant que peu d'importance aux caractères et aux situations. Comme ceux de Paul Morand, ses romans racontent une fugue. Souvent descriptifs (*Juliette au pays des hommes*, 1924 ; *Aventures de Jérôme Bardini*, 1930 ; *Combat avec l'ange*, 1934), parfois parodiques (*Suzanne et le Pacifique*, 1921), il se plaît à reprendre les thèmes éternels de l'amour et du bonheur, comme dans *Bella* (1926), et construit ses propres thèmes, tels que l'amnésie ou le double (*Siegfried et le Limousin*, 1922). Ces œuvres passent alors pour des jeux qui tendent à la virtuosité et à la préciosité, alors que Giraudoux souhaite créer par le langage un nouveau monde, qui affleurerait à la magie et qui rejetterait la ressemblance et la réalité quotidiennes. Ces recherches stylistiques et métaphysiques lui valent alors de vives critiques.

Ce n'est qu'à la fin des années 1920 qu'il connaît un succès à la mesure de son immense talent littéraire. Il publie, fin 1927, des fragments d'une version dialoguée de *Siegfried et le Limousin*. Le texte est remarqué par l'acteur Louis Jouvet qui lui conseille de l'adapter pour le théâtre. Le coup d'essai va vite se transformer en coup de maître. Représentée pour la première fois en 1928, la pièce tient l'affiche pendant dix ans. Le triomphe de cette première production en annonce d'autres et il est peu de dire que sa carrière dramatique, après les succès mitigés de sa vie diplomatique et de ses ambitions romanesques, est de loin la plus brillante. Il ne se cantonnera toutefois pas à être un amuseur des parisiens cultivés et s'orientera dès le début des années 1930 vers un théâtre plus classique. Il tend en effet à être la conscience et le symbole d'une civilisation, un peu à la manière de Jean Racine qu'il apprécie tant. Son éclat illuminera les théâtres parisiens pendant plus de quinze ans. Que ce soit avec des sujets anachroniques empruntés à la culture antique (*Amphitryon 38*, 1929 ; *Judith*, 1931 ; *Électre*, 1937 ; *Ondine*, 1939) ou en construisant des mythes plus personnels (*Siegfried*, 1928 ; *Intermezzo*, 1933), Giraudoux prône un théâtre littéraire extrêmement écrit et tente d'en faire un espace de réunion des peuples, dans la veine de ce que voulaient les Anciens. Il délivre ainsi de savoureuses réflexions sur les affres de l'amour, mais aussi sur la condition humaine et sur la guerre. Comme d'autres à la même époque (Anouilh, Cocteau, Sartre…), il utilise la référence à la mythologie pour mieux transmettre ses discours métaphysiques ou constater les situations politiques de son temps. *La Guerre de Troie n'aura pas lieu*, représentée en 1935, en est très certainement le meilleur exemple.

Bien qu'il connaisse un grand succès, il n'en abandonne pas pour autant sa carrière dans les hautes administrations françaises. De 1919 à 1933, il parcourt le monde comme secrétaire d'ambassade et fait carrière jusqu'au grade de ministre plénipotentiaire. En 1934, il devient inspecteur général des postes diplomatiques et consulaires. Au cours de cette période, il écrit *Tessa, la nymphe au cœur fidèle* (qui est en fait l'adaptation d'une pièce de Basil Dean et Margaret Kennedy), *Supplément au voyage de Cook* (1935), *L'Impromptu de Paris* (1937) et *Cantique des cantiques* (1938). Il est nommé commissaire de l'Information en août

1939, poste qu'il occupera pendant toute la « drôle de guerre » avant de prendre sa retraite de fonctionnaire en janvier 1941 et de se consacrer pleinement à son œuvre. Il se réfugie alors à Cusset dans l'Allier et ne rentre que deux ans plus tard à Paris. Vivant très mal l'Occupation, il fait représenter *L'Apollon de Bellac* (1942), mais surtout *Sodome et Gomorrhe* (1943) qui dit l'échec du couple et au-delà celui de la patrie. Au cours des années 1930 et 1940, il s'essaye aussi à l'écriture de scénarios pour le cinéma (*La Duchesse de Langeais*, 1942 ; *Les Anges du péché*, 1943), à l'analyse littéraire (*Racine*, 1930 ; *Les Cinq tentations de La Fontaine*, 1938 ; *Pleins pouvoirs*, 1939 ; *Littérature*, 1941) ou politique (*Sans pouvoirs*).

L'œuvre toute entière de Jean Giraudoux est ainsi marquée par son humanisme. Persuadé d'être voué à un destin politique, il transmettra ses convictions par la littérature. Grand lecteur de Marivaux et de Musset, affirmant une posture résolument romantique, il fait figure d'auteur dépassé dans une culture où règnent le roman psychologique et l'imagerie surréaliste. Peut-être Giraudoux est-il en effet hors du temps. Ce qui ne veut pas dire qu'il s'était coupé des problèmes de son époque, loin de là. Par son goût de la formule littéraire, par sa grande intelligence et par ses recherches stylistiques extrêmement fines, il a redonné au théâtre ses vertus solennelles, pour ne pas dire religieuses et mythiques. D'autres ont utilisé les références à l'Antiquité comme simple apparat littéraire. Lui y a cherché une atmosphère, presque une ambition politique. Avec succès, s'entend.

Alors qu'il vivait si mal la présence allemande, il ne connaîtra pas les joies de la Libération. Il s'éteint en effet le 31 janvier 1944, victime d'un empoisonnement du sang. Deux pièces inédites seront publiées puis représentées par la suite (*La Folle de Chaillot* et *Pour Lucrèce*) avant que ne soient publiées deux pièces inachevées (*Les Gracques* en 1958 et *Les Siamoises* en 1982).

PRÉSENTATION DE ÉLECTRE

Placée au centre de sa carrière dramatique, *Électre* illustre à merveille, avec *La Guerre de Troie n'aura pas lieu*, la maturité et l'apogée du talent littéraire de Giraudoux. Comme à son habitude (on raconte qu'il écrivait ses romans en moins de trois semaines, souvent pendant ses vacances), la pièce est écrite assez rapidement : l'acte I est achevé en novembre 1936 et l'acte II est rédigé courant décembre. La genèse ne connaît ensuite que peu de heurts : le texte est imprimé en janvier 1937, la pièce est mise en répétition en mars et la première représentation est donnée le 13 mai au théâtre de l'Athénée. Malgré les apparences, le texte n'est toutefois pas fixé fin 1936. Giraudoux a pour habitude d'assister aux répétitions dès que son activité professionnelle le lui permet et est très attentif à la diction des comédiens. S'il repère des enchaînements difficiles, des articulations manquées ou simplement des répliques qui ne lui conviennent plus, il propose dans l'instant des modifications à Jouvet.

Giraudoux avait fait l'expérience d'une adaptation des textes antiques dès 1929 avec *Amphitryon 38* (pièce de Plaute, reprise notamment par Molière). Comme d'autres de ses contemporains (Anouilh, Cocteau, Sartre…), il explorera avec brio cette veine qui lui permet de jongler avec les références culturelles et de les utiliser pour parler de l'environnement social et politique de son époque. La pièce s'inscrit donc à la suite des textes antiques d'Eschyle, d'Euripide, de Sophocle et de Racine. Le retour d'Oreste au royaume des Atrides le pousse à faire toute la lumière sur le meurtre de son père, Agamemnon, tué par le régent Égisthe et par sa mère Clytemnestre. Il est aidé en cela par sa sœur Électre, qui représente la justice et la voix pure des opprimés, dont les noces imminentes avec le Jardinier vont permettre à Égisthe d'écarter les descendants d'Agamemnon du trône. Ce personnage secondaire (les noces ne seront jamais célébrées) offre au dramaturge d'amoindrir l'atmosphère tragique de la pièce, d'installer un décor bucolique et festif (acte I, scène 1), mais aussi de légitimer quelques couplets sur un sujet que goûte particulièrement Giraudoux : l'amour.

L'atmosphère de la pièce est résolument sombre, plus que dans *La Guerre de Troie n'aura pas lieu* ou dans *Judith*. Il y a peu de pauses et peu de ménagements dans cette pièce réduite à deux actes. Tout se passe dans la cour intérieure du palais d'Agamemnon, respectant l'unité de lieu des classiques tout en permettant l'installation d'un décor spectaculaire comme on peut les faire à cette époque. L'unité de temps est elle aussi appliquée. Mieux encore, Giraudoux la condense en douze heures, de la fin de l'après-midi (acte I) à l'aurore du lendemain (fin de l'acte II). Le dramaturge prend toutefois quelques libertés avec le texte original. Sa principale modification réside dans l'ignorance d'Électre et d'Oreste quant aux circonstances de la mort de leur père. Afin de ne pas se laisser porter par l'intrigue datée du texte classique, il injecte à sa production la force neuve de l'enquête policière et quitte les références trop marquées aux dieux de l'Antiquité. Aucun n'est d'ailleurs nommé, ce qui permet à Giraudoux de parler des dieux (de Dieu) dans leur ensemble et, plus largement encore, de la tragédie du destin. Au-delà d'une vérité judiciaire qui va progressivement se faire jour, c'est la vérité des êtres qui se révèle, notamment au contact de la princesse. Enfin, en évoquant le pouvoir des grands et les forces révolutionnaires, la condition de la femme, la guerre civile et l'intervention étrangère (comme en Espagne à la même période), le dramaturge fait de sa pièce un réceptacle des problématiques contemporaines.

Parfois louée pour l'émotion qui s'en dégage, souvent raillée pour la préciosité de son ton et par la complexité de son interprétation, la pièce reçoit un accueil mitigé de la critique.

Sans parvenir à déchaîner les foules, le public est toutefois plus enthousiaste. Pour preuve, les reprises qui jalonnent l'histoire depuis le milieu du XXe siècle (1943, 1959, 1964, 1978, 1982). Reste que la pièce est difficile à mettre en scène et à jouer, et qu'*Électre* s'est avant tout imposé comme un texte majeur, apprécié pour ses références culturelles et politiques, mais aussi pour sa finesse poétique.

RÉSUMÉ DE LA PIÈCE

Acte I

Scène 1

Après vingt ans d'exil, Oreste, fils du roi Agamemnon, entre sous les traits d'un étranger dans le palais des Atrides. Nous sommes le jour même où le Jardinier doit épouser la princesse Électre, qui n'est autre que la sœur d'Oreste. L'échange entre les deux hommes est cordial : l'étranger dit avoir quelques souvenirs d'enfance des lieux tandis que le futur marié explique l'emplacement des chambres et l'architecture des lieux. Toutefois, l'intervention des petites Euménides dessine déjà les contours de la tragédie. Ces petites « langues de vipères » injectent ponctuellement la vérité que les deux hommes ignorent, partiellement ou totalement : elles savent que l'étranger revient d'un exil qui l'a éloigné d'Argos pendant vingt ans et laissent entendre que la reine Clytemnestre n'est pas exempte de tout reproche dans la mort d'Agamemnon.

Scène 2

Alors que le Jardinier vient de chasser les Euménides (fin de la scène 1), le Président et sa femme Agathe font leur entrée, l'étranger s'étonne grandement de le savoir fiancé à la princesse Électre. Le Jardinier explique que c'est la décision du roi Égisthe. L'étranger s'offusque alors du sort qui est consacré à une jeune femme de son rang. Le Président en profite pour conseiller au Jardinier de ne pas épouser Électre et d'éviter ainsi une femme à problèmes. Au-delà de la continuation de l'exposition de la pièce, la scène est l'occasion pour Giraudoux de s'exprimer, par un couplet pris en charge par le Président (« Quand le sommeil des coupables continue… compromise ») sur la justice des hommes, mais aussi de jouer avec les genres littéraires: plutôt bucolique par les interventions du Jardinier, bien éloigné qu'il est des considérations politiques et tragiques, comique, voire burlesque ou « boulevardienne », par les échanges teintés de jeux de mots entre le Président et sa femme. Alors qu'ils croient entendre Électre arriver, c'est en fait Égisthe qui entre sur le plateau à la fin de la scène.

Scène 3

La scène s'ouvre sur une conversation un peu décalée entre le Président et Égisthe au sujet d'un escabeau censé accueillir un mendiant. Entré dans Argos la veille, personne ne parvient à dire s'il est un vrai clochard ou un dieu ayant pris apparence humaine pour venir assister aux noces d'Électre. La scène est, elle aussi, l'occasion d'un discours sur la croyance, sur les dieux et sur la prospérité d'Argos (Égisthe). Son rôle tragique est par ailleurs essentiel : alors qu'il s'immisce progressivement dans la conversation entre le Président et le régent, le mendiant lit dans le jeu d'Égisthe et comprend qu'il souhaite l'éloigner du pouvoir et, en la mariant à un jardinier, se donner la possibilité de la tuer. Enfin, si Égisthe, le Président et le mendiant parlent du sort de la princesse, d'Argos et des hommes, le Jardinier semble déjà dépassé par des enjeux qu'il n'est pas en mesure de maîtriser. La répartition de la parole qui n'est pas en sa faveur (il n'intervient que pour se dire capable de protéger Électre) le discrédite rapidement auprès du spectateur.

Scène 4

Électre, accompagnée de sa mère Clytemnestre, entre en

scène. Il est reproché à la princesse de ne plus s'occuper du sort de son peuple. Or, il apparaît surtout que la fille porte de lourds ressentiments à l'encontre de sa mère. Elle lui en veut pour la mort d'Agamemnon et pour celle d'Oreste. La mère, quant à elle, affirme que c'est Électre, alors âgée de quinze mois, qui a tué son frère. Par ailleurs, Clytemnestre s'oppose au mariage de sa fille et ne cesse d'être insultante à l'endroit du Jardinier qui tente tant bien que mal de se défendre. La princesse semble voir clair dans le jeu du régent et sait qu'il tente par les noces de l'éloigner du pouvoir. Égisthe et Clytemnestre s'en vont au moment où le mendiant devine de la peur chez la reine.

Scène 5

Cette courte scène est l'occasion d'un premier retournement dans l'intrigue, après quatre scènes d'exposition. Accompagné d'Agathe, Oreste (sous les traits de l'étranger) fait irruption et prend la main d'Électre. Il la demande en mariage et souhaite ainsi contrecarrer les plans d'Égisthe. S'opposant d'abord à ce geste, le Jardinier comprend très vite qu'il ne tiendra pas face à un homme d'un autre rang.

Scène 6

Électre rejette fermement l'étranger et ne semble vouloir se plier à ses exigences. Très sûr de lui, il finit par lui avouer sa véritable identité quand Clytemnestre entre dans la cour.

Scène 7

Alors qu'elle revient à la charge pour la convaincre de ne pas se marier avec le Jardinier, Clytemnestre retrouve sa fille au bras de son nouveau fiancé, Oreste. Elle ne reconnaît pas son fils, mais voit de la ressemblance dans le visage des deux êtres. Elle n'est pas prête à accepter cette alliance, mais Électre, revigorée par le retour de son frère, la provoque.

Scène 8

Après l'intrusion de Clytemnestre et son départ, Oreste et Électre peuvent pleinement jouir de leurs retrouvailles. Derrière l'amour qui s'exprime se glisse toutefois la grande possessivité de la sœur qui rapidement étouffe le prince. Par la suite, Électre parle de la haine qu'elle ressent pour Clytemnestre et pour Égisthe, sans parvenir toutefois à bien la définir, mais en sachant qu'elle possède une même origine. Ainsi, alors que les deux enfants ne savent rien du meurtre de leur père (un accident est évoqué jusque-là), Électre commence à comprendre et sait où se trouvent les problèmes des Atrides. À la fin de la scène, ils expriment tous deux leurs regrets quant au mal qui ronge leur famille et qui les fait entrer dans le domaine des grands personnages tragiques.

Scène 9

Clytemnestre revient vers sa fille et lui affirme qu'elle accepte son mariage avec l'étranger. Électre ne semble pas pour autant disposée à déposer les armes. Clytemnestre lui fait alors remarquer qu'elle a toujours été une fille que « rongent les désirs » et qu'à deux ans elle a tenté d'embrasser son frère. La mère confirme ainsi les premières orientations d'inceste qui sont prises. Annoncé par ses sujets, Égisthe fait ensuite son entrée. Il vient annoncer à la reine qu'Oreste n'est pas mort, qu'il s'est échappé de Phocide et qu'il se dirige vers Argos pour y soulever les foules. Peu à peu, Égisthe dévoile sa nature de tyran.

Scène 10

Scène très courte où Oreste interroge une nouvelle fois sa sœur sur la nature de sa haine. Mais Électre ne connaît qu'une partie du secret qu'elle garde en elle.

Scène 11

Clytemnestre a enfin reconnu son fils. S'ouvre alors un échange où Oreste semble reprocher à sa mère son abandon, sans toutefois exprimer une quelconque haine. Ce sont les regrets, ceux d'un enfant qui n'a pas connu sa mère, qui sont sensibles ici. Électre revient ensuite sur scène et tente de séparer l'enfant de sa mère, faisant montre une nouvelle fois de possessivité.

Scène 12

Tandis qu'Oreste et Électre se sont endormis, les trois Euménides, qui grandissent à vue d'œil, sont revenues dans la cour intérieure du palais. Elles rejouent la scène précédente, en insistant toutefois sur la vérité des destins que les protagonistes ne voient pas eux-mêmes. Ainsi, elles montrent comment Oreste sera confronté à un choix à faire : tuer sa mère ou tuer sa sœur. Le procédé permet ainsi à Giraudoux de jouer avec les codes du théâtre (exposant les processus de création sur le plateau), mais aussi d'appuyer la machine tragique en marche: les personnages ne peuvent échapper à leur destin.

Scène 13

Il ne reste plus qu'Oreste et Électre, accompagnés du mendiant qui va s'exprimer au public comme aurait pu le faire un chœur antique. Il donne raison à la jeune princesse, autant à son attachement profond pour son frère (qu'il considère être de la fraternité – et donc de l'humanité – non de l'inceste), que son besoin de tuer sa mère et Égisthe. Clytemnestre est, au contraire, traitée en égoïste et en arriviste. Tout chez elle n'est que calcul politique pour garder le pouvoir, non amour maternel ou filial. Le mendiant sait qu'Électre fera la lumière et que le coupable vivra sa vie de coupable.

Entracte : Le Lamento du Jardinier

Là est une des originalités de la pièce de Giraudoux. Au cours de l'entracte, alors que le rideau est fermé, le Jardinier revient sur scène et déclame un long monologue où il parle de son mariage manqué, de son amour pour Électre, de l'amour en général. Par ailleurs, il nous délivre quelques éléments supplémentaires sur la machine tragique en marche. Un peu à la manière d'un spectateur extérieur, il se prête à une interprétation de la pièce, lui qui a été évincé du jeu : Électre cherche l'amour d'une mère, tout est affaire de pureté et les grands personnages tragiques charrient avec eux des grands thèmes de la vie (l'espoir, la foi, l'amour…) Par une fine mise en abîme, Giraudoux nous parle une nouvelle fois de création théâtrale, avant de redémarrer sa pièce.

Acte II

Scène 1

C'est l'aube dans la cour intérieure du palais d'Agamemnon. Électre vient de s'éveiller, tandis qu'Oreste dort encore. Elle souhaite le réveiller, mais le mendiant l'en empêche. Elle veut ainsi le mener rapidement vers son destin, alors que le mendiant préconise un peu de répit. Électre reconnaît qu'Oreste aurait probablement été un homme heureux, mais que la machine infernale va nécessairement le broyer.

Scène 2

Agathe, qui représente la femme adultérine, entre avec un jeune homme. Ensemble, ils construisent quelques scénarios au cas où le Président ferait irruption et les prendrait en flagrant délit. Contrairement à ce qu'elle peut dire à la fin de la scène (« Je préfère tout au mensonge »), Agathe apparaît encore comme la malhonnêteté incarnée (les mêmes mensonges qu'elles montent pour tromper son mari, elle les utilise pour mentir à son amant à propos d'une troisième relation). Toutefois, son rôle est avant tout comique et, jusque-là, ses bassesses ne prêtent pas à conséquence.

Scène 3

Oreste s'éveille enfin. L'intervention des trois Euménides le pousse à croire qu'il ne doit pas suivre son destin tragique et qu'il peut encore prendre le chemin du bonheur, jouir de son statut de prince et trouver l'amour. Toutefois, Électre ne lui laisse pas le temps de réfléchir. Elle lui explique ce dont elle a enfin pris conscience : sa mère a un amant et son père a été assassiné il y a sept ans. Elle lui affirme que ce sont les cadavres des deux êtres (celui de son père mort et celui de sa mère encore vivante) qui lui ont fait cet aveu. Oreste ne peut donc plus reculer et il doit accomplir son destin, poussé par les derniers encouragements de sa sœur.

Scène 4

Clytemnestre entre en scène et se confronte à la haine de ses enfants. Tous deux l'interrogent de manière virulente: ils veulent savoir qui est son amant. La mère leur affirme qu'elle n'en a pas. Elle met ensuite en garde ses enfants contre leur quête néfaste de vérité, qui a déjà fait des malheurs dans la famille des Atrides (l'histoire d'Iphigénie, sans être nommée, est évoquée par Clytemnestre). La mère baisse cependant sa garde et laisse entendre qu'il n'y a pas de mal à avoir un amant, que d'autres reines en ont eu avant elle.

Scène 5

Clytemnestre passe finalement aux aveux dans cette cinquième scène qui la confronte seule à sa fille, sans toutefois révéler le nom de son amant. Elle lui confie aussi la peur qu'elle ressent face à son fils, sans pour autant comprendre qu'elle voit se profiler à l'horizon le destin tragique qui les réunit. La conversation, où Électre va faire montre de toujours plus de révolte et de virulence à l'encontre de sa mère, est aussi l'occasion d'un nouveau couplet sur la condition de la femme.

Scène 6

C'est au tour d'Agathe et du Président d'entrer en scène. Ils se disputent car Agathe vient d'avouer à son mari que tout dans sa vie est adultère. Non seulement ses relations avec des amants, mais tous les gestes de son existence. Là aussi la jeune femme relaye un message sur la condition de la femme, dont les mains sont liées à la vie de son mari. Alors qu'Agathe clame qu'elle a une relation avec Égisthe, Clytemnestre refuse de l'entendre, dévoilant par là son propre secret. Le régent fait alors son entrée, plus majestueux et serein qu'au premier acte, plus proche du trône que jamais.

Scène 7

Au dehors, un soulèvement insurrectionnel se fait entendre: la ville a plus que tout besoin d'un homme au pouvoir pour rétablir l'autorité. Plus loin, ce sont les Corinthiens qui menacent. Égisthe est en passe de devenir roi. Il en a eu la révélation alors qu'il était parti à la recherche d'Oreste, au-delà des remparts d'Argos. Le Président, en homme bafoué, s'oppose toutefois au régent et lui dit qu'il doit tuer la reine s'il veut régner. Égisthe lui rétorque qu'il peut aussi bien l'épouser. C'est à ce moment que Clytemnestre avoue à sa fille qu'elle aime Égisthe depuis dix ans, qu'elle n'a rien dit jusqu'alors pour protéger la famille royale. Égisthe, quant à lui, n'est plus sûr d'aimer la reine, mais est persuadé qu'il est voué à un destin royal. Il a besoin d'Électre pour cela, mais se confronte à une fin de non recevoir. Celle-ci s'oppose au mariage et tente d'abattre sa dernière carte en appelant Oreste.

Scène 8

Électre et Égisthe s'opposent dorénavant et chacun entend défendre Argos de l'autre: la première du mensonge et de l'autorité afin de préserver la justice; l'autre de la révolte et du chaos pour maintenir la prospérité. Ils ne peuvent se rejoindre dans une même conception. Électre conteste le pouvoir à Égisthe car il n'est pas pensable qu'il l'ait reçu des dieux. Clytemnestre, prenant la défense de son amant, lui rétorque qu'elle n'a jamais connu son père et qu'elle ne peut donc rien connaître au destin royal, deux arguments que la princesse conteste vertement. Égisthe tente de convaincre Électre en lui promettant qu'il rendra le pouvoir à Oreste dès qu'il aura sauvé la ville et qu'il forcera le fautif à se dénoncer. Mais la machine infernale est implacable et elle refuse, arguant son besoin de vérité quant au sort consacré par les dieux à son père. Le régent s'en va, accompagné de Clytemnestre qui tente de le convaincre de tuer Électre, en vain. Elle reste libre, attendant le retour d'Oreste.

Scène 9

Le mendiant raconte, en présence de la femme Narsès et d'Électre, le meurtre d'Agamemnon par Égisthe et Clytemnestre dans la piscine du roi. Avec beaucoup de détails, il explique comment le futur régent a pris du plaisir et est devenu beau au moment du meurtre déloyal. Par la suite, Oreste fait son entrée pour mieux se diriger vers sa mère et son amant. La femme Narsès se comporte auprès d'Électre comme une mère pour une fille qu'elle n'a pas eue. Beaucoup d'affection se manifeste à ce moment là. Le mendiant reprend son récit avec le meurtre de Clytemnestre et d'Égisthe par Oreste, qui va bientôt arriver. Le récit du mendiant et les événements qui se déroulent en dehors de la scène se rejoignent finalement dans le cri d'Égisthe, qui appelle Électre dans son dernier souffle.

Scène 10

Argos est à feu et à sang, envahie par les Corinthiens. Alors que les Euménides tentent de la faire culpabiliser, Électre dit que la ville renaîtra de ses cendres et que tout cela n'a pas été affaire d'orgueil, mais de justice. Les Euménides lui expliquent qu'elle ne reverra plus son frère, qu'elles l'emporteront très prochainement et le garderont jusqu'à ce qu'il devienne fou. Électre se console avec la sensation du devoir accompli et retrouve la paix intérieure en faisant justice. La lumière est faite au moment où le soleil se lève : c'est l'aurore.

LES RAISONS
DU SUCCÈS

À l'époque où Giraudoux présente *Électre* au théâtre de l'Athénée est particulièrement vive en France une veine théâtrale qui reprend les grands mythes et les grandes tragédies de l'Antiquité. Il y a, d'un côté, l'histoire de Thèbes et notamment celle d'Œdipe. Des auteurs tels que Cocteau (*Antigone*, 1922 ; *Œdipe roi*, 1928 ; *La Machine infernale*, 1934), Gide (*Œdipe*, 1931) ou Anouilh (*Antigone*, 1944) se servent du roi de Thèbes, coupable d'inceste, de parricide et de régicide, pour parler de leur époque, mais aussi pour monter un théâtre pétri de références, volontairement intertextuel et qui ne cesse de poser la question de la tragédie. D'autres choisissent l'histoire des Atrides, celle d'Agamemnon, le grand roi d'Argos et de la destinée de ses enfants, Oreste, Iphigénie et Électre (le destin de Chrysothémis n'est repris que par Richard Strauss, dans *Elektra*, un opéra qu'il fait jouer en 1909). Si Giraudoux est l'un des premiers avec sa pièce, d'autres suivront tels que Sartre (*Les Mouches*, 1943), Yourcenar (*Électre ou la Chute des masques*, 1947) ou plus tard Anouilh (*Tu étais si gentil quand tu étais petit*, 1972). Prométhée (*Le Prométhée mal enchaîné* de Gide en 1899), Orphée (*Orphée-Roi* de Victor Segalen en 1921 ; *Orphée* de Cocteau en 1927 ; *Eurydice* d'Anouilh en 1942) ont eux aussi influencé les auteurs de la première moitié du XXe siècle. La valeur exemplaire et universelle de cet héritage culturel lui permet d'aborder des thèmes qui se situent délibérément en dehors d'un réalisme étroit, pour mieux incarner des débats moraux, voire des questions philosophiques. Par les couplets qui jalonnent toute la pièce, Giraudoux injecte de telles réflexions, qu'elles traitent de la justice des hommes (le Président dans la scène 2 du premier acte), de la croyance (Égisthe dans la scène 3 du même acte), de l'amour, de la haine, du pouvoir politique (acte II, scène 8) ou de la fidélité conjugale (acte I, scène 4 et acte II, scène 6). L'utilisation de la mythologie est aussi un moyen de masquer un discours sur une réalité historique que Giraudoux ne tente pas de décrire, mais d'exprimer. Il avait déjà fait une tentative similaire deux ans auparavant dans *La Guerre de Troie n'aura pas lieu* qui, derrière la reprise du grand récit épique, parle des orientations prises par l'Europe en direction de la guerre, d'une tragédie qui allait s'avérer inéluctable. Il est peu de dire qu'ici le destin dramatique de la ville d'Argos est un réceptacle extrêmement sensible à la guerre civile et à l'intervention des pays extérieurs (l'Italie et l'Allemagne en l'occurrence) en Espagne. En France aussi, la situation est délicate et l'actualité bouillonnante. D'ailleurs, c'est toute l'Europe qui est prête à s'embraser. Important dans la volonté « politique » de Giraudoux, ce procédé n'en est pas moins recouvert des artifices théâtraux. Il assure même que son but premier, en recourant à la mythologie antique, est d'exposer des situations extrêmes et connues d'un public de cultivés.

Giraudoux questionne la tragédie classique et la modifie plus qu'il n'y paraît dans sa pièce. Les interrogations sur le genre ou les mises en abîme, permises par les interpellations du public via le mendiant (acte 1, scène 13) ou par le Jardiner (Entracte), mais aussi par les jeux temporels (acte II, scène 9), ouvrent sur de telles problématiques. Par ailleurs, s'il respecte les unités de temps (en la condensant même en une douzaine d'heures), de lieu (la cour intérieure du palais d'Agamemnon) et d'action, Giraudoux ne respecte pas tant que cela d'autres codes du genre. Traditionnellement, les spectateurs connaissent tout de l'action qui va se dérouler sous leurs yeux. Bien qu'il reste fidèle au mythe, Giraudoux ne nous éclaire que très tardivement sur les connaissances réelles d'Électre et d'Oreste. En réalité, et contrairement au mythe, ils ne savent rien du meurtre (qu'ils prennent pour un accident, malgré les mauvais pressentiments de la princesse) de leur père. Plus qu'une lutte héroïque qui les confronte à la colère des dieux (d'ailleurs très peu évoqués dans la pièce, si ce n'est sous les traits du mendiant omniscient), nous assistons à des quêtes intérieures et à une enquête policière, teintées toutes deux de combats politiques. En effet, Électre cherche conjointement la vérité en elle (elle a toujours su que son père avait été assassiné par sa mère, sans jamais se l'avouer) et dans les aveux d'Égisthe et de Clytemnestre. Oreste et sa sœur cherchent aussi l'amour d'une mère qui les a toujours mis de côté. Derrière tout cela, c'est une lutte pour obtenir le trône d'Argos qui se fait jour : Égisthe souhaite mettre Électre sur la touche en la mariant au Jardinier, le retour d'Oreste est une menace pour lui, le Président lui refuse finalement son soutien...

Enfin, c'est dans les niveaux de langue et dans les registres que Giraudoux participe le plus d'une refonte du genre tragique. En effet, il ne se cantonne pas à utiliser une langue complexe et marquée socialement, mais mélange les genres et les époques, allant jusqu'à user de l'anachronisme (comme avec l'escabeau dont il est question à l'acte I, scène 3). Certaines scènes frisent mêmes le théâtre de boulevard, notamment celles où Agathe est mise en avant (acte I, scène 2 et acte II, scène 2). Le résultat permet d'amoindrir les présupposés classiques de la tragédie. Plutôt que d'avoir l'affirmation du héros noble, celui-ci est abaissé au rang de commun des mortels. Oreste et Égisthe ne peuvent rien contre la machine tragique. Le jeune prince semble même particulièrement malléable, subissant les assauts psychologiques de sa sœur (acte I, scène 8), de sa mère (acte I, scène 11) et des Euménides (acte II, scène 3). A l'inverse, les personnages appartenant au peuple s'élèvent, tant dans leur façon de s'exprimer que dans leur conscience de la tragédie qui se déroule : le Jardinier (Entracte), Agathe (Acte II, scène 6), le mendiant (toute la pièce), la femme Narsès (Acte II, scènes 9 et 10) sont les seuls à prendre de la hauteur face à leur propre histoire. Avec la « tragédie bourgeoise » voulue par Giraudoux, c'est le héros classique et ses valeurs surannées qui disparaissent au profit d'une quête de bonheur que revendiquent aussi bien Oreste qu'Agathe.

LES THÈMES PRINCIPAUX

Comme nous venons de le laisser entendre, le héros tragique antique puis classique, fort, représentant un pouvoir typiquement masculin, est mis à mal. Oreste est un jeune homme qui a perdu la mémoire, qui ne sait rien de l'histoire tragique de ses parents (c'est Électre qui porte en elle la vérité) et qui est presque manipulé par sa sœur, sa mère et les Euménides. Le Président est un homme trompé par sa femme, probablement, comme le montre la scène 2 de l'acte I, parce qu'il est incapable de l'écouter (c'est bien ce qu'elle tente d'exprimer à l'acte II). Le portrait d'Égisthe est plus compliqué à tracer. Assassin, il l'est avec certitude. Il n'est toutefois pas présenté comme un usurpateur de trône et lui-même ne se présente que comme le régent d'Argos. Avant son illumination, qui lui donne toutefois la certitude d'être en mesure de régner, il apparaît comme un gestionnaire prudent et pragmatique, comme un haut-fonctionnaire discipliné plutôt qu'un tyran. C'est cette nature qui le pousse à vouloir prendre à tout prix le pouvoir: en bon disciple de Machiavel, il préfère une injustice à un désordre. C'est ce qui l'oppose à Électre. Le mendiant est bien éloigné des canons tragiques tout en faisant appel à la tradition antique. Il est le relais des dieux, leur voix omnisciente sur Terre. Le Jardinier est finalement le seul personnage masculin qui parvient à sortir de sa propre condition. Rapidement mis de côté par les nobles qui ne le traitent pas avec considération, il exprime toutefois son amour et son respect pour la princesse, parvenant, alors qu'il est sevré de parole, à occuper le plus long monologue de la pièce. Il porte à merveille la voix des humbles que semble défendre Giraudoux pour dire leur revendication au bonheur. Les derniers personnages masculins (le jeune homme, le capitaine, le second mendiant) ne sont que des faire-valoir qui servent la dramaturgie de la pièce.

On remarque à l'inverse que les personnages féminins sont

bien représentés et qu'elles animent majoritairement la scène. Agathe, d'abord présentée comme une femme futile, se révèle au cours du second acte en réclamant sa liberté et en criant sa quête de bonheur. Alors que les passages où elle cherche à cacher ses relations extra-conjugales font figure de comédies au milieu de la tragédie, Giraudoux la fait sortir de ce discours pour atteindre celui de la liberté « moderne » de la femme. La femme Narsès, présente à la fin de la pièce, représente quant à elle une douceur maternelle qu'Électre n'a jamais trouvée chez sa Clytemnestre. C'est justement aux côtés de ces deux personnages que le destin de la reine se fait si tragique. Agathe et Narsès représentent en effet ce qu'elle n'a jamais su être: honnête face à Agamemnon, amante auprès d'Égisthe, proche de ses deux enfants. Ces manquements la poussent au mensonge et aux gestes calculés (même au meurtre). Les trois Euménides sont des personnages plus complexes, notamment parce qu'elles renvoient à une tradition antique très marquée. Reste qu'au-delà des « taquineries » de jeunes filles dont elles sont coupables, elles ne cessent de vouloir ramener Oreste à son propre désir, c'est-à-dire vers sa quête de bonheur et elles cherchent tout le temps à annoncer la tragédie en devenir. En somme, elles apparaissent comme des mémoires sûres face à la vie sociale, menée par les hommes et leurs intérêts, qui conduit inexorablement au mensonge.

Pour Giraudoux, justement, la femme est la mémoire de l'homme, trop pris qu'il est par des problèmes séculaires. Les petites viennent ajouter des détails aux souvenirs déficients d'Oreste lorsqu'il pénètre dans le palais de son père après vingt ans d'absence (acte I, scène 1). Mieux encore, dans tous les moments clefs de la pièce, c'est la femme (Électre bien souvent) qui apparaît comme le moteur de la tragédie, tandis qu'Égisthe, Oreste ou le Président la subissent. Dans la quête de bonheur et de justice (ce qui donne un accès éminemment moderne à la pièce, bien au-delà de ses références antiques), le personnage d'Électre cristallise et multiplie les ambitions de chacun. En quête de vérité, elle est prête à tout (comme elle l'explique dans l'ultime scène de la pièce), au risque même de plonger Argos dans le chaos. Elle mène une véritable lutte idéologique en allant bien au-delà des problèmes politiques qu'Égisthe tente tant bien que mal de régler. Elle ne conteste d'ailleurs pas le pouvoir au régent, mais ne cherche qu'à savoir dans quelles conditions son père est mort. Bien que présentée comme une femme possédée et orgueilleuse, son combat n'en reste pas moins pur. Elle semble même occuper plusieurs rôles auprès des autres personnages masculins: une fille et une femme (au cours d'un inceste imaginaire – acte II, scène 8) pour Agamemnon, une sœur, une amante (on rappelle qu'elle a tenté de l'embrasser quand ils étaient enfants) et une mère pour Oreste (visible dans un rapport similaire qu'entretient le garçon avec Électre et Clytemnestre), une fille et une reine pour Égisthe. Elle figure ainsi la femme forte et puissante qui dépasse les préoccupations « quotidiennes » des autres personnages, tout en les menant à leur perte.

ÉTUDE DU MOUVEMENT LITTÉRAIRE

Ce qui fait la renommée de Giraudoux à l'époque où l'on représente ses pièces à l'Athénée est peut-être aussi ce qui fait que ses pièces sont de moins en moins montées de nos jours. Volontairement précieuse, la langue de Giraudoux veut rompre ce qui sépare le théâtre de la littérature. Dans la lignée des Racine, des Musset (surtout) et des Marivaux, il est tenté par un théâtre qui ne s'exprimerait que dans les bibliothèques. Il est vrai qu'il insiste surtout sur une situation de langage, qui lui permet de faire danser la langue et de reprendre de manière moderne les mythes antiques. Son théâtre s'autorise en effet le délire poétique, les réflexions philosophiques sur la mort, la justice ou l'amour, des comparaisons parfois hermétiques (comme avec l'escabeau, les insectes ou le sirop d'oranges) pour un public non initié. Le théâtre de Giraudoux est ainsi un carrefour à lui tout seul. Reprenant les mythes antiques et les codes classiques pour les mêler à des passages qui n'auraient pas fait pâle figure dans le théâtre de boulevard, il est aussi proche d'un théâtre plus ambitieux et plus ouvertement avant-gardiste. Sa réflexion sur le théâtre que l'on voit poindre dans les mots du Jardinier et du mendiant n'est en effet pas sans rappeler les propositions de Luigi Pirandello (*Six personnages en quête d'auteur*, 1921). Les échos à l'actualité de son temps annoncent déjà un théâtre plus engagé comme pourra le représenter dans peu de temps Jean-Paul Sartre.

Il n'en reste pas moins que le théâtre de Giraudoux est avant tout « littéraire », c'est-à-dire que la primauté est donnée au texte et à l'image poétique, au bien dire qui réjouira le spectateur. Bien sûr, il ne veut pas divertir pour divertir et cherche à élever la connaissance de son spectateur. En réhabilitant un théâtre fin et sérieux, il tend à devenir la conscience et le symbole d'une civilisation riche. En 1937, Paris se retrouve en effet au centre du monde en accueillant l'Exposition Universelle. Giraudoux y voit l'occasion d'y contrecarrer la fin d'une ère qu'il annonce pourtant dans sa pièce. Pour lui, l'engagement théâtral se fait donc par une élévation culturelle, par un éclat qui met en lumière la grandeur d'un pays, non comme l'instrument d'une lutte forcenée et violente. Là se trouve peut-être la raison des références mythologiques dans son œuvre. Elle lui donne la possibilité de se rapprocher de l'âge d'or qu'a été le siècle de Périclès. Bien que novateur dans sa forme, le théâtre de Giraudoux ne sera donc pas mis en tête des luttes sociales du XXe siècle. Il n'a pas la force et la volonté politique d'un Sartre, d'un Genet, d'un Duras ou la cruauté d'un Artaud. C'est aussi, peut-être, ce qui le rend appréciable encore aujourd'hui et qui assure à cette œuvre hors du temps et solennelle une place de choix dans la postérité littéraire.

DANS LA MÊME COLLECTION
(par ordre alphabétique)

- **Anonyme**, *La Farce de Maître Pathelin*
- **Anouilh**, *Antigone*
- **Aragon**, *Aurélien*
- **Aragon**, *Le Paysan de Paris*
- **Austen**, *Raison et Sentiments*
- **Balzac**, *Illusions perdues*
- **Balzac**, *La Femme de trente ans*
- **Balzac**, *Le Colonel Chabert*
- **Balzac**, *Le Lys dans la vallée*
- **Balzac**, *Le Père Goriot*
- **Barbey d'Aurevilly**, *L'Ensorcelée*
- **Barbey d'Aurevilly**, *Les Diaboliques*
- **Bataille**, *Ma mère*
- **Baudelaire**, *Les Fleurs du Mal*
- **Baudelaire**, *Petits poèmes en prose*
- **Beaumarchais**, *Le Barbier de Séville*
- **Beaumarchais**, *Le Mariage de Figaro*
- **Beauvoir**, *Mémoires d'une jeune fille rangée*
- **Beckett**, *Fin de partie*
- **Brecht**, *La Noce*
- **Brecht**, *La Résistible ascension d'Arturo Ui*
- **Brecht**, *Mère Courage et ses enfants*
- **Breton**, *Nadja*
- **Brontë**, *Jane Eyre*
- **Camus**, *L'Étranger*
- **Carroll**, *Alice au pays des merveilles*
- **Céline**, *Mort à crédit*
- **Céline**, *Voyage au bout de la nuit*

- **Chateaubriand**, *Atala*
- **Chateaubriand**, *René*
- **Chrétien de Troyes**, *Perceval*
- **Cocteau**, *Les Enfants terribles*
- **Colette**, *Le Blé en herbe*
- **Corneille**, *Le Cid*
- **Crébillon fils**, *Les Égarements du cœur et de l'esprit*
- **Defoe**, *Robinson Crusoé*
- **Dickens**, *Oliver Twist*
- **Du Bellay**, *Les Regrets*
- **Dumas**, *Henri III et sa cour*
- **Duras**, *L'Amant*
- **Duras**, *La Pluie d'été*
- **Duras**, *Un barrage contre le Pacifique*
- **Flaubert**, *Bouvard et Pécuchet*
- **Flaubert**, *L'Éducation sentimentale*
- **Flaubert**, *Madame Bovary*
- **Flaubert**, *Salammbô*
- **Gary**, *La Vie devant soi*
- **Giraudoux**, *La Guerre de Troie n'aura pas lieu*
- **Gogol**, *Le Mariage*
- **Homère**, *L'Odyssée*
- **Hugo**, *Hernani*
- **Hugo**, *Les Misérables*
- **Hugo**, *Notre-Dame de Paris*
- **Huxley**, *Le Meilleur des mondes*
- **Jaccottet**, *À la lumière d'hiver*
- **James**, *Une vie à Londres*
- **Jarry**, *Ubu roi*
- **Kafka**, *La Métamorphose*
- **Kerouac**, *Sur la route*
- **Kessel**, *Le Lion*
- **La Fayette**, *La Princesse de Clèves*

- **Le Clézio**, *Mondo et autres histoires*
- **Levi**, *Si c'est un homme*
- **London**, *Croc-Blanc*
- **London**, *L'Appel de la forêt*
- **Maupassant**, *Boule de suif*
- **Maupassant**, *Le Horla*
- **Maupassant**, *Une vie*
- **Molière**, *Amphitryon*
- **Molière**, *Dom Juan*
- **Molière**, *L'Avare*
- **Molière**, *Le Malade imaginaire*
- **Molière**, *Le Tartuffe*
- **Molière**, *Les Fourberies de Scapin*
- **Musset**, *Les Caprices de Marianne*
- **Musset**, *Lorenzaccio*
- **Musset**, *On ne badine pas avec l'amour*
- **Perec**, *La Disparition*
- **Perec**, *Les Choses*
- **Perrault**, *Contes*
- **Prévert**, *Paroles*
- **Prévost**, *Manon Lescaut*
- **Proust**, *À l'ombre des jeunes filles en fleurs*
- **Proust**, *Albertine disparue*
- **Proust**, *Du côté de chez Swann*
- **Proust**, *Le Côté de Guermantes*
- **Proust**, *Le Temps retrouvé*
- **Proust**, *Sodome et Gomorrhe*
- **Proust**, *Un amour de Swann*
- **Queneau**, *Exercices de style*
- **Quignard**, *Tous les matins du monde*
- **Rabelais**, *Gargantua*
- **Rabelais**, *Pantagruel*
- **Racine**, *Andromaque*

- **Racine**, *Bérénice*
- **Racine**, *Britannicus*
- **Racine**, *Phèdre*
- **Renard**, *Poil de carotte*
- **Rimbaud**, *Une saison en enfer*
- **Sagan**, *Bonjour tristesse*
- **Saint-Exupéry**, *Le Petit Prince*
- **Sarraute**, *Enfance*
- **Sarraute**, *Tropismes*
- **Sartre**, *Huis clos*
- **Sartre**, *La Nausée*
- **Senghor**, *La Belle histoire de Leuk-le-lièvre*
- **Shakespeare**, *Roméo et Juliette*
- **Steinbeck**, *Les Raisins de la colère*
- **Stendhal**, *La Chartreuse de Parme*
- **Stendhal**, *Le Rouge et le Noir*
- **Verlaine**, *Romances sans paroles*
- **Verne**, *Une ville flottante*
- **Verne**, *Voyage au centre de la Terre*
- **Vian**, *J'irai cracher sur vos tombes*
- **Vian**, *L'Arrache-cœur*
- **Vian**, *L'Écume des jours*
- **Voltaire**, *Candide*
- **Voltaire**, *Micromégas*
- **Zola**, *Au Bonheur des Dames*
- **Zola**, *Germinal*
- **Zola**, *L'Argent*
- **Zola**, *L'Assommoir*
- **Zola**, *La Bête humaine*
- **Zola**, *Nana*
- **Zola**, *Pot-Bouille*